Operação Auschwitz

e a regeneração da terra

Operação Auschwitz

e a regeneração da terra

Adilson Marques

Marques, Adilson

M357c Operação Auschwitz e a regeneração da terra / Adilson Marques. São Carlos: RiMa Editora, 2020.

69 p.
ISBN 978-65-990488-4-5

1. regressão de memória. 2. captação noética. 3. Auschwitz. 4. animagogia.

Rua Virgílio Pozzi, 213 – Jd Santa Paula
13564-040 – São Carlos, SP
Fone: (16) 98806-4652

Shema Yisrael adhonay elohenu adhonay ehadh

Ouve Israel, o Senhor Deus é o único Senhor
Portanto amarás o Senhor teu Deus
Com todo o teu coração
Com toda a tua alma
Com toda a tua força

Oração judaica

(há relatos que um grupo de crianças
polonesas nuas entrou na câmara de gás cantando
Shema Yisrael, em perfeita disciplina)

A todos os irmãos espirituais,
encarnados ou desencarnados,
que possam se beneficiar desse singelo estudo,
e caminham para habitar a Terra regenerada.

Agradecimentos

Aos Espíritos que coordenaram as sessões que resultaram nesse livro, particularmente ao que, em sua última roupagem terrestre, viveu a personalidade Viktor Frankl.

A todos e todas que buscando a minha ajuda, estavam, de fato, me ajudando.

Sumário

Introdução

Desde 2009 venho utilizando a Regressão de Memória e a Captação Noética (nome que damos a uma das técnicas da Apometria) para acessar vidas passadas e fazer eventuais tratamentos psíquicos, quando fatos ou experiências vividas em outras encarnações atuam em uma dimensão inconsciente, afetando a existência atual de algumas pessoas. Este trabalho nunca precisei fazer profissionalmente, uma vez que sou educador em uma escola pública municipal e tenho meu salário. Sempre fiz de forma voluntária, procurando ajudar o próximo, obviamente, mas também adquirir conhecimento e autoconhecimento, compreendendo melhor os mecanismos reencarnatórios e o funcionamento da "lei do carma" ou de "ação e reação", o famoso: "a plantação é livre, mas a colheita é obrigatória". Mas sem julgar ou condenar quem usa tais técnicas como profissão.

E, a partir de 2014, percebi uma sincronicidade entre os tratamentos ou atendimentos que eu realizava. Durante dois ou três anos, muitas das pessoas que atendi com essas duas técnicas foram contemporâneas de duas personalidades: o filósofo prussiano Immanuel Kant (1724-1804) e o bispo francês Jean Baptiste Louis Gaston de Noailles (1669-1720). Curiosamente, algumas pessoas passaram a dizer que tinham convivido com ambas as personalidades e que elas tinham sido vividas pelo mesmo Espírito, em duas encarnações distintas. Com o material que tinha em mãos, resolvi escrever um romance espiritualista, publicado em 2020: "O carma do senhor Immanuel Kant na França, e seus últimos dez dias".

Apesar de ser um texto ficcional, aproveitei as diversas narrativas para criar uma personagem que teria um papel fundamental na trama e fazer pesquisas biográficas e históricas para construir o romance. Também aproveitei para visitar, na

França, as cidades de Paris, Reims e Chalons-en-Champagne, em busca de eventuais informações que confirmassem as narrativas das pessoas atendidas com as duas técnicas.

Após decidir escrever um romance, o tempo utilizado para escrevê-lo foi de aproximadamente dois anos, entre 2018 e 2019. Curiosamente, após ter terminado e impresso o livro, fiz mais uma Regressão de Memória, em 2020, e a pessoa afirmou ter sido a madre superiora do convento administrado pelo Bispo. Sua fala contradisse alguns depoimentos das "freiras" e imaginei outro possível desenlace para o livro. Mas como nada acontece por acaso, este outro ponto de vista não era para fazer parte do livro, pelo menos não do primeiro volume. Quem sabe em uma eventual continuação eu utilize outra versão que pode mudar o rumo da trama.

Porém, outro fato histórico começou, gradativamente, a aparecer. Por volta do segundo semestre de 2018, comecei a atender pessoas vítimas do nazismo. Inicialmente, achei que era um fato isolado até que, em um curso de Terapia Vibracional Integrativa (TVI), onde costumo fazer uma prática de regressão coletiva, induzindo os participantes a acessarem uma encarnação onde todos já estiveram juntos, a experiência foi muito significativa: Aqueles que conseguiram entrar na dinâmica proposta se viram em um local muito frio, com coníferas, e tentando fugir dos nazistas, de barco, para outro país. Procurando fatos históricos, chegamos em um possível fato histórico: a fuga de judeus residentes na Dinamarca, na década de 1940.

E foi somente depois dessa regressão coletiva que tomei consciência que, há algum tempo, eu estava atendendo pessoas que sofreram na pele as agruras do nazismo. Não eram casos isolados, mas uma necessidade ou um trabalho espiritual que só nos foi esclarecido em março de 2020.

A apercepção de estar envolvido e trabalhando com pessoas vitimas do nazismo me fez mudar um plano de viagem. Em novembro de 2019, aproveitando uma promoção, eu comprei uma passagem aérea para Berlim, pois pretendia, de lá, visitar Konigsberg (atual Kaliningrado) e conhecer a cidade onde viveu Immanuel Kant, personagem do romance citado acima.

A cidade que já foi a capital do império prussiano, desde 1945, após o fim da segunda guerra mundial, tornou-se uma cidade da Rússia, sendo, inclusive, uma das sedes da copa do mundo de 2018. Uma das pessoas que participaram das regressões, e que afirmou ter trabalhado em um cabaré, descreveu com tanta riqueza a cidade que fiquei motivado em conhecer, apesar de saber que a mesma foi duramente bombardeada durante a segunda guerra mundial e, hoje, praticamente, não guarda mais o encanto da Konigsberg do século XVIII.

Porém, após comprar a passagem para Berlim e fazer o meu roteiro, passei a ter vontade de conhecer os campos de concentração de Auschwitz, na Polônia. Vendo a posição das duas cidades e as alternativas de transporte para chegar a elas, fiz e refiz meu roteiro de viagem por várias vezes, até constatar que não seria possível visitar as duas cidades, pelo tempo disponível que teria na Europa. Eu teria, portanto, que optar.

Indeciso, resolvi fazer uma consulta ao dr. Felipe, um Espírito que se manifesta como um médico alemão desencarnado na segunda guerra mundial, através de um médium são-carlense. Este ser incorpóreo foi o primeiro com quem conversei em 2001, quando vivenciei, pela primeira vez, uma experiência mediúnica.

Sobre a importância desse Espírito em minha vida, remeto o leitor aos livros: A prática da meditação integrativa (Ministério da Saúde, 2018) e os Símbolos do Reiki e seus ensinamentos morais (ONGCSF, 2016). Neles relato várias das experiências mediúnicas e conversas com o dr. Felipe, sempre através do mesmo médium.

Em busca de uma orientação, entrei em contato com o médium e pedi uma opinião do dr. Felipe. Segundo ele, as duas cidades seriam importantes para eu visitar, mas como não haveria condições de ir para Konigsberg e para Auschwitz, por falta de tempo e de dinheiro, a experiência na Polônia seria mais rica para mim em termos espirituais.

A partir dessa consideração, pensei bem e resolvi, então, mudar os planos da viagem, deixando Konisgsberg para outra ocasião, focando na visita a Auschwitz. E, coincidência ou não, assim que defini o roteiro, passei a sonhar com um local que me parece ser um campo de concentração e também com a cidade de Cracóvia, na Polônia, cidade que não conheço, mas com a qual me identifiquei apenas lendo sobre e passeando por ela através do Google Maps. E o interessante é que os sonhos aconteceram antes de começar o planejamento da viagem. Ou seja, os sonhos não foram frutos de induções de leituras ou das imagens que vi na internet.

Como aconteceu justamente o contrário, cada imagem que eu via na internet me deixava ainda mais confiante que a Operação Auschwitz era uma realidade e que eu tinha um trabalho a realizar, talvez por carma.

E no começo do mês de março, para coroar todo esse processo, recebemos uma canalização do Espírito que viveu a personalidade Viktor Frankl confirmando que nossas intuições e sonhos estavam certos.

Desde 2013 já sabíamos que este Espírito, sem identificar-se, foi um dos mentores da teoria espiritualista que viemos a chamar de Animagogia, proposta em 2003, na ONG Círculo de São Francisco, na cidade de São Carlos/SP e que orientou durante 15 anos as práticas espiritualistas da ONG. Mas foi nessa mensagem que ele deixou mais claro o que seria a Operação Auschwitz e que, além de ser um dos mentores da Animagogia, seria um dos responsáveis por essa operação:

> ***Operação Auschwitz***
> *A operação Auschwitz é um trabalho espiritual que visa auxiliar no resgate de encarnados e desencarnados que, de alguma forma, ainda se encontram presos às energias do*

nazismo. Muitos que desencarnaram em campos de concentração ou em outras circunstâncias estão encarnadas no Brasil e ainda há muitos desencarnados em sofrimento, presos a essas vibrações enfermiças, de dor e sofrimento.
Nas experiências de Regressão de Memória, sejam elas espontâneas ou provocadas com o uso da hipnose, da apometria ou da Captação Noética, muitas pessoas trazem para o consciente fatos e situações daquela vida passada e conseguem se libertar. Porém, não se trata de uma solução individual, uma vez que Espíritos desencarnados ligados àquela pessoa ou experiência também se libertam. É um tratamento coletivo que desperta várias consciências simultaneamente.
Muito já foi feito, sem dúvida, mas muito ainda há para ser feito até que a Terra possa, de fato, se preparar para ser um "mundo de regeneração". A Operação Auschwitz começou há décadas, de forma modesta e sem alarde. Nos últimos anos seu trabalho tem se intensificado e acontece em várias partes do mundo, não se restringindo ao Brasil.
Sou grato aos amigos encarnados e desencarnados que auxiliam nesse trabalho tão gratificante e a Deus por me permitir ser um de seus colaboradores.
Espírito que viveu em sua última passagem pela Terra a personalidade Viktor Frankl

Mensagem psicografada/canalizada em
13/03/2020 na cidade de São Carlos/SP.

A viagem para Auschwitz está programada para acontecer em maio de 2020. Não sei ainda se ela vai ocorrer devido ao fechamento das fronteiras na Europa e ao avanço do coronavírus no Brasil. Eu tenho uma forte convicção que essa pandemia tem relação direta com o nazismo e com o fascismo, sendo uma forma encontrada pela Providência Divina para fazer eventuais resgates ainda necessários, mas não tive ainda nenhuma informação de origem espiritual que possa confirmar essa minha hipótese.

A minha ideia original era utilizar essas informações e fazer outro romance espiritualista, similar ao que fiz sobre a suposta vida passada de Immanuel Kant, mas consultando meus amigos pelo Facebook, a sugestão deles foi que o material se transformasse em um "livro técnico" sobre o tema e não uma ficção.

E assim, aproveitando a necessidade de ficar 15 dias em casa por causa do coronavírus, passei a ter tempo livre para organizar o material coletado até o momento e publicar este livrinho modesto ainda em 2020, ano em que se comemora os 75 anos da libertação de Auschwitz.

Como não acredito em acaso, tenho apenas que agradecer por ter sido escolhido para fazer parte dessa operação e ter o tempo disponível para escrever esse pequeno livrinho.

São Carlos, 27 de março de 2020

Décimo primeiro dia da "quarentena" do coronavírus na cidade de São Carlos e dia de São Ruperto que realizou parte significativa de sua pregação cristã na região da Baviera, na Alemanha.

Algumas considerações sobre espiritualidade e religião

Eu vim para São Carlos em 1998 para trabalhar como animador cultural no SESC. No ano seguinte, eu criei com alguns amigos o Projeto Homospiritualis para trabalhar com o tema Cultura de Paz, Saúde Integral e Diversidade Religiosa. Em 2003, foi criada a ONG Círculo de São Francisco e, de um mero projeto, o trabalho se transformou no Programa Homospiritualis, colocado em prática até janeiro de 2016, editando vários livros e organizando vários eventos, entre eles, o Fórum Permanente de Educação e Cultura para a Paz, em 2010, que deliberou pela necessidade de se ter um Conselho Municipal da Diversidade Religiosa no município.

A partir de 2010 fizemos vários contatos com grupos religiosos e, em 2012, o vereador Robertinho Mori, na época, no PV, apresentou um projeto de lei para se criar o conselho. Porém, a proposta foi derrotada por 6 votos a 5. Foi, até onde sabemos, o único conselho não aprovado na câmara dos vereadores em toda a sua história.

Em 2017, ao retornar para a câmara, dessa vez pelo PSDB, o vereador Robertinho Mori conseguiu aprovar a lei criando o Dia Municipal de Combate à Intolerância Religiosa. E, em 2019, no dia 21 de janeiro, em uma reunião no CEMAC, Centro Municipal de Arte e Cultura, foi criado o Coletivo pela Diversidade Religiosa que vem realizando vários eventos na cidade.

A necessidade de falar sobre esse movimento é porque, apesar da Regressão de Memória ser uma técnica, assim como a Captação Noética, ela pressupõe a existência da reencarnação como um fato natural e que algumas enfermidades psicossomáticas tem origem em outras existências. E, apesar das evidências, tal afirmação nos leva para o âmbito das crenças religiosas. Nesse sentido, por mais que tentemos não vincular espiritualidade e religião, como também fazia Viktor Frankl, não temos como fazer isso.

Assim, para fazermos nosso trabalho em paz, é preciso trabalhar também pela liberdade religiosa, ou seja, pela consolidação do Estado laico. Tanto o laicismo como o fanatismo religioso pode impedir um trabalho com tais técnicas. O laicismo com o seu argumento que Regressão de Memória, apometria etc. não passa de pseudociência e que, portanto, devem ser proibidos. Ou o fanatismo religioso que, por sua necessidade de fazer prosélitos e perseguir quem não segue os mesmos preceitos, também pode fazer questão de proibir técnicas ou experiências que associam ao "demônio".

Dessa forma, somente com a garantia da liberdade e da tolerância religiosa que o trabalho com essas técnicas estarão também garantidas. Por isso, é importante considerar a religião como um direito humano e como uma forma livre para se expandir a espiritualidade, apesar desta não depender, necessariamente, da religião.

Mesmo não a considerando uma doutrina religiosa, a Animagogia parte do pressuposto que somos Espíritos eternos vivenciando experiências humanizadas. Essa é a base filosófica ou cosmológica da Animagogia. E apesar de respeitar todas as formas de religião, a Animagogia não se vincula a uma religião, mas tem muito mais afinidade com aquelas que também aceitam a reencarnação, como dogma ou não.

Assim, apesar de não existir problema algum em buscar um atendimento animagógico e, simultaneamente, participar de uma prática mediúnica em um terreiro de umbanda, de uma prática meditativa em um templo budista, de uma missa na igreja católica e assim por diante, se faz *mister* acreditar na existência de vidas passadas para passar por um atendimento de Regressão de Memória ou de Captação Noética.

E, infelizmente, a intolerância religiosa, que é uma realidade há muitos séculos, vem crescendo muito nas últimas décadas, sobretudo, no Brasil. E um dos fatores que estimulam a intolerância é o proselitismo, ou seja, acreditar que somente a sua religião é válida e que a do outro deve ser destruída. As religiões que não pregam o proselitismo, mas que ensinam que a melhor religião é aquela que faz a pessoa feliz não tem motivo para ser intolerante. Sem o proselitismo não há a necessidade de combater a religião alheia. E no Brasil, os adeptos das religiões afro-brasileiras são os que sofrem mais com a intolerância, seguidos dos ateus.

Porém, não são somente as religiões que são atacadas, mas as práticas espiritualistas que estes grupos fanatizados consideram como sendo "coisas do demônio", como o Yoga, o Reiki e, inclusive, as técnicas de Regressão de Memória. Daí, mesmo não sendo uma atividade religiosa, precisamos garantir a existência de um Estado laico para podermos continuar atuando e pesquisando, mesmo que nossas pesquisas não possuam *status* acadêmico.

Estamos, portanto, entre a Cruz e a Espada, entre o laicismo acadêmico e a intolerância dos fanáticos religiosos. É o famoso se correr o bicho pega, se ficar o bicho come.

E nesse cenário de guerra e de conflitos, o lema adotado por madre Teresa de Calcutá continua sendo válido e parece ser o melhor caminho, e que lembra também a virtude chinesa da não-ação (wu-wei). Ela dizia que não participaria de nenhuma campanha contra a guerra, mas participaria de todas a favor da paz.

O taoismo também defende essa forma de pensar, ou seja, de ser a favor de algo e nunca contra. Nesse sentido, atuando a favor da promoção da tolerância religiosa, também atuamos em nossa própria defesa, garantindo nosso direito de fazer a nossa "pseudociência" em paz.

Sabemos que para a metafísica empirista, a que predomina no meio acadêmico, afirmar que a consciência é um epifenômeno do cérebro é uma "consideração científica". Mas postular que somos um Espírito eterno vivenciando experiências humanizadas é uma "consideração religiosa" e, portanto, "pseudociência".

Porém, esse pressuposto não é dogmático, uma vez que é possível realizar experiências empíricas ou obter evidências através das regressões de memória, como também pela meditação ou outras práticas, como é a Captação Noética. É possível buscar evidências sobre a sobrevivência do Espírito e da reencarnação através de pesquisas que utilizem as técnicas acima, sem a necessidade de envolver o discurso religioso, mas é preciso ser laico e não um defensor do laicismo.

Tais práticas trazem evidências, mesmo não sendo provas objetivas, que a vida continua após a morte e o único objetivo de estarmos encarnados ou humanizados, como afirma a Animagogia, é possibilitar ao Espírito mais experiências e aprendizados. Ao longo de suas experiências humanizadas, mais consegue com que os seus atributos (humildade, felicidade, pacífico, amoroso etc.) se manifestem em sua vida cotidiana, vencendo, assim, o egoísmo e o orgulho do ego.

Sabemos que a religião pode alienar ou libertar o Espírito. Se a forma de religião adotada estimula os atributos acima, mais o Espírito se liberta, mas quando a religião estimula mais orgulho, vaidade e egoísmo, o efeito é o contrário. Mesmo assim, a liberdade religiosa deve ser valorizada e defendida, até para garantir a nossa sobrevivência como pesquisadores, uma vez que atuamos com técnicas polêmicas que nos coloca em contato direto com a dimensão espiritual ou transcendente.

Valorizando a habilidade espiritual na vida cotidiana

Por mais dolorosas que as experiências que vamos apresentar neste livro foram para quem delas participaram, temos que levar em consideração que o Espírito se aprimora ou se lapida no meio social que escolhe para uma nova existência. Assim, o meio social é o palco para o aprimoramento espiritual. A solidariedade, a cooperação, o doar a verdade ao próximo "evolui" ou "ilumina" o Espírito. Por outro lado, a competição, a vontade de impor sua verdade ao outro ou combater a visão de mundo do outro só fortalece o ego e adormece o Espírito.

E a lei do carma é inexorável. O que hoje faz o papel de algoz, amanhã representa o de vítima. O carma só se extingue quando o Espírito fala mais alto que o ego.

Dentro dessa perspectiva, mesmo que algum trauma do passado ainda afete a vida presente de quem foi vítima dos nazistas, com certeza, todos cujas experiências aqui se encontram narradas, hoje são mais fortes que o ego. Hoje conseguem fazer com que os atributos do Espírito desabrochem com mais intensidade na vida cotidiana. Os talentos conquistados jamais se perdem. São conquistas eternas que acompanham a alma. Possivelmente, já são candidatos eletivos para habitar a Terra regenerada, escapando do exílio que atingirá milhões de Espíritos ainda presos a energia do egoísmo.

Para muitas pessoas cujas experiências serão aqui narradas, esse acesso a uma experiência tão traumática foi o que despertou o seu processo de "emergência espiritual", termo criado por Stanislav Grof. Alguns iniciam esse processo através de uma experiência de quase morte, de um contato mediúnico com um desencarnado ou outra forma qualquer. Para Jung, seria por volta dos 50 anos de idade que começaria o "processo de individuação", outro nome para a metanoia ou libertação do ego.

Porém, como será possível constatar, os relatos aqui apresentados são, em grande maioria, de jovens buscando realmente uma reconecção espiritual. Estes, na minha opinião, são hoje Espíritos mais experientes, com mais bagagem e, portanto, com mais condições de vencer o ego e a materialidade do mundo do que em sua existência passada.

Podemos dizer que vivem com mais "habilidade espiritual". E o que seria isso? Seria a capacidade de colocar em prática na vida cotidiana os atributos do Espírito. E quais seriam? Entre outros, a Felicidade Incondicional, o Amor Universal, a Paz Interior e a Equanimidade. Ou seja, diante de qualquer fato, conseguem vencer a tentação do egoísmo e viver a situação com. Em resumo, quanto mais egoísmo no ato, menos "habilidade espiritual" se possui. E quanto mais amor, por si e pelo próximo, o contrário.

Se um fato qualquer tira a felicidade da pessoa, que já está dentro dela, não precisando buscar fora, menos "habilidade espiritual" ela conquistou até o momento. Por mais dolorosa que possa ser a existência humanizada, a "habilidade espiritual" possibilita a força necessária para buscar a superação e o sentido da vida.

E ter "habilidade espiritual" não faz a pessoa ficar passiva diante das desigualdades ou das injustiças. Ela só vai mudar de estratégia. Ao invés de lutar contra alguma coisa, ela vai abraçar alguma causa. É o que vemos na maioria das pessoas que foram atendidas com a Regressão de Memória ou com a captação psíquica. Relembrar aquelas experiências só as tornaram mais resilientes e fortes diante da vida.

E isso só é possível porque o Espírito é a vida. A existência pode adormecer o Espírito ou libertá-lo. Temos uma única vida e várias existências para aprendermos a viver com "habilidade espiritual" nossa vida cotidiana. De certa forma, esse é o objetivo da encarnação nos chamados "mundos de provas e expiações".

Por isso, a cada existência mudam os cenários, mudamos de papel, mas sempre com o mesmo objetivo: viver com mais "habilidade espiritual" nossa vida cotidiana. Assim, não importa em qual cenário nos encontramos. Temos que viver com "habilidade espiritual" os momentos altos e baixos da vida, ou seja, as vicissitudes.

E o Espírito não adoece e já É. Ele precisa apenas ser despertado. Enquanto ele se encontra adormecido, nossa vida é regida pelo ego, uma consciência provisória que nos ilude, invertendo os valores. Para o ego é a competição, o apego material e o orgulho que importam. Para o Espírito, o importante é vencer o ego.

E a própria existência se encarrega de proporcionar o chacoalho necessário para despertar o Espírito. Basta prestar atenção nos sinais. É a morte de um ente querido, é uma perda material, uma desilusão, um governo autoritário e genocida etc.

Gradativamente, começamos a perceber que não somos o corpo físico e nem a mente e as emoções. Conforme a vida nos leva a fazer essas desconstruções, descobrimos que somos um Espírito eterno, uma consciência que vive independentemente da matéria, mas que precisa desta para mais uma ventura e aventura encarnatória para "evoluir".

E, obviamente, as leituras ajudam. Ler, compreender e vivenciar os ensinamentos universalistas do Sermão da Montanha, do Baghavad Gita, do Tao Te Ching, do Dharmapada, do evangelho de Tomé, do Livro dos Espíritos, e tantos outros, ajuda neste processo. Mas também é importante vivenciar na prática as dimensões transcendentes da vida, seja através de uma Regressão de Memória, de uma prática meditativa ou outra que ajude a demonstrar que a vida não termina com a morte física. Experimentar, esse é o caminho.

Mas do que se prender a dogmas, doutrinas ou rituais, é importante experimentar. Viver o Espírito, sentir sua energia ou vibração, abrir-se para a dimensão transcendental.

Em resumo, é obter autoconhecimento que, de forma resumida, significa vivenciar e aceitar que somos Espíritos eternos vivenciando uma existência humanizada.

O Espírito não é a mente, as emoções e nem o corpo físico. Tudo isso afeta o Espírito em sua humanização, faz com que ele adquira mais experiência e sabedoria, mas o Espírito pode e deve ter domínio sobre eles. Uma parábola hinduísta que eu gosto muito é a da carruagem sendo puxada por dois cavalos, enquanto o cavaleiro controla as rédeas. Nesta parábola, a carruagem é o corpo físico. Ele é puxado pelos cavalos que simbolizam as emoções. Estas são controladas pelas rédeas que é a mente (ego). Mas estas estão sob o controle do cavaleiro que é a Alma. Em suma, quanto mais "habilidade espiritual", mais felicidade e amor nós emanamos, deixando menos espaço para o estresse, para se desinteressar pela vida ou para a depressão.

O corpo reage às emoções que podem ser controladas pela mente. E esta pode ou não estar sob o domínio da Alma. Mas é claro que em uma sociedade doente que destrói a natureza, o Outro e a cultura, tratando tudo como recurso, é mais difícil viver com "habilidade espiritual", mas aí que está o desafio. Não somos Espíritos ingênuos. Já estamos na "pós-graduação" em matéria de encarnações. Está na hora de despertar o Espírito, que é transcendente e imanente ao mesmo tempo. Ele não está dentro do corpo, mas ligado a esse. E o Espírito já vivia antes da encarnação e vai continuar vivendo. Vivenciar a humanização com desapego é o caminho para colocar em prática os atributos do Espírito em quaisquer circunstâncias, por mais dolorosas que estas possam ser.

O uso da Regressão de Memória e da Captação Noética no acesso às experiências de vidas passadas

Ao utilizar a Regressão de Memória ou a Captação Noética estamos tendo a possibilidade de trabalhar na interface entre a Ciência e a Religião, que são duas práticas sociais que possuem formas distintas de elaborar e construir conhecimento, mas que podem ser complementares e não excludentes.

Mas não devemos ignorar a filosofia e a arte nesse processo de construção do conhecimento. Essas quatro práticas sociais podem servir para o Espírito viver com sabedoria. O conhecimento é da alçada do ego, mas a sabedoria é da alçada do Espírito. É este que pode viver com sabedoria ou não os conhecimentos adquiridos através da Ciência, da Religião, da Filosofia ou da Arte.

E as técnicas de Regressão de Memória ou de Captação Noética fundamentalmente são frutos destas quatro modalidades de aquisição de conhecimento.

A Regressão de Memória, através de relaxamentos e induções, facilita o acesso, em tese, a informações que se encontram no inconsciente. Esse fato é compreensível se aceitarmos que o inconsciente não se localiza no cérebro e nem é um depósito para experiências recalcadas ou reprimidas, como pensava Freud.

De um ponto de vista espiritualista, todas as vidas passadas formam o cabedal de conhecimento do Espírito humanizado. As diversas personalidades já vivenciadas ao longo do tempo ajudaram a formar a experiência de vida e a sabedoria do Espírito. Experiências como homem ou mulher, como rico ou pobre, como religioso ou ateu, como integrado à sociedade ou marginal etc., ajudam na resolução de problemas na vida cotidiana, mesmo não nos lembrando delas, assim como passar pelas vicissitudes, os altos e baixos da vida.

Mesmo não nos lembrando do que já fizemos com tais experiências, elas estão no inconsciente e nos ajudam na resolução de conflitos similares na vida atual. Uma pessoa com menos "bagagem" tende a alternar euforia e desespero diante de um fato. Já um Espírito mais "velho" ou com mais experiência de vida, é capaz de passar pelo mesmo fato com equanimidade, sem alternar entre a euforia e o desespero.

Da mesma forma, uma criança pode ter muito mais facilidade para aprender línguas estrangeiras, tocar um instrumento musical, ter aptidão para matemática, escrever, entre outras habilidades, se estas experiências foram frequentes ao longo das encarnações do Espírito. Nesse sentido, o inconsciente, que seria a real consciência do Espírito, é uma fonte de conhecimento importante. Mas é possível que experiências traumáticas também façam parte desse acervo se, por acaso, não foram totalmente superadas, sobretudo, as mais recentes.

Estas podem influenciar de forma negativa na existência atual do Espírito encarnado. Por exemplo, o medo de ficar sozinho em lugar escuro e pequeno se ficou preso em calabouço; o medo de água se morreu afogado; a sensação de estar sempre sendo vigiado e perseguido entre os que foram vítimas do nazismo e de outras doutrinas totalitárias, entre tantos outros pânicos que existem.

Também doenças podem ser somatizadas em função de experiências de vidas passadas, "atualizadas" por algum fato vivenciado no presente. É o caso da senhora que vamos apresentar ao longo do livro e que passou a ter uma rinite alérgica quando engravidou de uma de suas filhas. Após tomar por décadas uma medicação que só agredia o seu corpo, conseguiu se curar ao fazer uma Regressão de Memória e constatar que havia morrido em um campo de concentração, aspirando um gás letal.

Esse caso e tantos outros vivenciados por pessoas que sofreram as agruras do nazismo, são muito recentes. Setenta ou oitenta anos se passaram, mas, na ótica do Espírito, mesmo sendo uma nova encarnação, ainda são fatos muito fortes e presentes na memória espiritual (o nosso inconsciente).

Só para termos uma ideia, o espírito Dr. Felipe que citei parágrafos atrás, certa vez nos disse que sempre se sentia muito mal na época da Páscoa porque ele foi um dos que apedrejaram Jesus. O sentimento de remorso pelo que fez há dois mil anos ainda estava muito presente dentro dele. Não era fácil superar a culpa que sentia. Ele nos contou que chegou várias vezes a pedir para encarnar apenas para esquecer, por algumas décadas, o que tinha feito.

No caso dele, a razão daquela dor que sentia na Páscoa era consciente. Ele sabia a causa. Mas quantos encarnados não sentem uma tristeza que vem do nada, sem sabermos o porquê daquela dor que parece vir do fundo da alma, mas sem uma causa definida ou um motivo racional que a justifique? Quando algo que fizemos ou que deixamos de fazer pesa na consciência, queremos reparar o erro. Por isso é que a Animagogia ensina que não é Deus ou Jesus que pune ou castiga, mas a própria consciência arrependida e que deseja reparar seus erros.

E quando a pessoa consegue transcender a barreira do ego e acessa as informações que estão em seu Self, ou na alma, consegue, com mais clareza, entender o que se passa em sua vida atual e superar alguns traumas ou até mesmo conflitos com outras pessoas, normalmente, as encarnadas no seio de sua própria família.

É o autoconhecimento que se expande com a conscientização de fatos e experiências do passado. Dessa forma, ao fazer uma regressão, a pessoa consegue mais informações para decidir como agirá diante das vicissitudes da vida, compreendendo o motivo de algumas aversões por pessoas que não conhecem ou até mesmo para parentes, como irmãos, filhos, pais etc.

Alguns estudos de caso

Neste capítulo eu pretendo apresentar alguns casos bem significativos de pessoas que viveram experiências traumáticas durante o nazismo, manifestando, na atual encarnação, traumas psicológicos e até somatizações de enfermidades relacionadas com elas.

As pessoas me procuraram para fazer uma Regressão de Memória e, quando não conseguiam acessar nenhuma informação, foram submetidas à Captação Noética com a participação de uma sensitiva de minha total confiança. As sessões duraram cerca de 1h30. Algumas pessoas fizeram apenas uma sessão, enquanto outras fizeram várias. Todas tiveram acesso a mais de uma encarnação, sendo que a experiência durante a vigência do nazismo foi a última antes da atual existência.

Apesar de praticamente todas as teorias espiritualistas fazerem referência à lei do carma ou de ação e reação, enfatizando que tudo aquilo que se planta obrigatoriamente deve se colher, nem sempre foi possível saber o que aconteceu antes para a pessoa precisar vivenciar a experiência dolorosa relatada que, em muitos casos, ainda refletia em sua atual existência.

Porém, foi possível constatar que muito do estresse que estas pessoas vivem no presente tem relação direta com a vida passada, como se a alma refletisse no corpo uma energia da qual não conseguiu se livrar totalmente. E não importa se a pessoa conseguiu escapar ou não de um campo de concentração nazista; se foi morto por tiro, envenenamento ou fogo; se passou fome e frio etc. Todos, de uma forma ou outra, manifestam um mecanismo de proteção na vida atual que, na maioria das vezes, é estressante pelo excesso de vigília.

E como demonstra a décima terceira lei da Apometria, existe a influência de Espíritos humanizados desencarnados, em sofrimento, presos no passado, sobre os encarnados. Neste caso, são Espíritos afins, e o sofrimento dos desencarnados afeta, mesmo sem ter a intenção, alguns encarnados que passaram por experiências similares. É por isso que, ao ajudar o encarnado a se libertar, estes desencarnados também costumam ser libertados, recuperando sua consciência espiritual real, ou seja, libertando-se do ego e, portanto, também do sofrimento.

Sem ter a compreensão da influência do passado, os encarnados vivem no presente como se estivessem em uma eterna batalha contra um inimigo imaginário, sem se dar conta do estrago que toda essa tensão causa ao corpo e também à mente. Porém, o fato de trazer para o consciente algumas informações que expliquem o que possivelmente aconteceu em outra existência, conseguem certa paz e compreensão de como repetiam certos padrões de comportamento adquiridos em uma vida anterior, muitas vezes de forma paranoica pelo excesso de medo, além da influência negativa ou da obsessão causada por desencarnados ainda iludidos.

O acesso a essas informações não resolvem magicamente os problemas ou as vicissitudes da vida, mas favorece mudanças de hábito, quebrar resistências inconscientes e até mesmo propiciar curas de enfermidades psicossomáticas.

Nos casos que vamos apresentar, nossa intenção será expor a última encarnação, sob os domínios do nazismo, e a importância de limpar ou transmutar as energias ainda impregnadas na vida atual da pessoa. Apesar de acreditarmos que a lei do carma é inexorável, não será esse o nosso objetivo neste livro.

Como salientou o Espírito que se identificou como um dos mentores da Operação Auschwitz, o objetivo é a preparação da Terra para a sua fase de regeneração. O importante é ajudar encarnados e desencarnados ainda presos nos liames dessas energias enfermiças para que posam viver com mais qualidade de vida e ajudar o planeta em seu processo de regeneração, quando o amor será a energia que irá nutri-lo.

1 – Vencendo o pavor de qualquer referência ao nazismo

Consulente: Mulher, mais de 50 anos de idade, dentista que atende, basicamente, crianças. Casada e mãe (dois filhos, um homem e uma mulher).

Características psíquicas e/ou sensitivas: É sensitiva, com uma vidência aguçada. Já trabalhou com a técnica da Apometria, sendo capaz de descrever situações que acontecem na "quarta dimensão" sem a necessidade de ser desdobrada. Acessa com facilidade suas vidas passadas e de outras pessoas. Não tem medo do que vê, descrevendo tranquilamente cenas que deixariam outros assustados. Porém, não incorpora e nem sente nada fisicamente, como acontece com outros médiuns ou sensitivos. Buscou autoconhecimento através da Regressão de Memória para tratar sua insegura e ansiedade, o que a faz comer demais.

Informações acessadas: Durante a regressão, acessou várias experiências encarnatórias. Porém, na anterior a atual, que é a que nos interessa, relatou que era uma mulher judia e que trabalhou como enfermeira em um grande hospital. Possivelmente, morava em Berlim. Descreveu o movimento da cidade, a circulação dos bondes, um homem com quem se relacionava, as roupas típicas da época, entre outras coisas que remetem ao cotidiano da capital alemã.

Com o avanço do nazismo na Alemanha consegue fingir que era uma enfermeira católica. Esse fato a impediu de ser perseguida, porém, foi obrigada a participar de experimentos com crianças, mulheres e idosos. A cada dia, seu sofrimento aumentava. Ela se sentia muito mal por ter que fazer parte de tudo aquilo. Certo dia, tomada pelo pessimismo e desesperada, cometeu suicídio.

Apesar da facilidade que teve para acessar as informações, conseguiu descrever as cenas sem sofrimento, apesar de narrá-las com riqueza de detalhes.

Foto 1 Enfermeiras saudando Hitler (imagem retirada da internet).

Vida atual: Na atual encarnação nunca gostou de estudar História, principalmente relacionada ao nazismo. Não assiste a filme ou lê qualquer livro ou texto que faça referência ao nazismo. Após a regressão começou a entender o motivo de tanta aversão e ojeriza a esse período da história humana.

Apesar das experiências serem de vários tipos, havia também as realizadas com dentes. Esse fato, possivelmente, foi o a fez escolher uma encarnação onde pudesse ser dentista, especializando-se em tratamento com crianças, o que gosta muito de fazer e se sente realizada profissionalmente.

Após a regressão ainda se sente ansiosa, mas não como antes e já consegue lidar com situações de estresse com mais tranquilidade. No que se refere ao aprendizado com a regressão, afirma que foi aceitar com mais naturalidade que cada pessoa tem sua própria vida, principalmente os filhos.

Ela afirma que tinha muito medo de perder os filhos, mas compreendeu que cada um possui suas provas e um destino que precisa ser cumprido. Assim, afirma que superou esse sentimento que a afligiu por vários anos.

Enfim, parece que a enfermeira horrorizada e que lutava desesperadamente contra os seus próprios valores para sobreviver em um ambiente social hostil foi, finalmente, enterrada.

2 – Fuga da Dinamarca?

Esta experiência aconteceu durante um curso de Terapia Vibracional Integrativa (TVI), com a participação de 10 pessoas. O curso foi organizado por alunos do curso de Psicologia e de Terapia Ocupacional da UFSCar e aconteceu em uma república de estudantes.

Entre as meditações integrativas, que são meditações guiadas com induções espiritualistas, uma tem por objetivo limpar eventuais energias relacionadas com vidas passadas e que possam atrapalhar a vida presente.

Outro detalhe importante de salientar é que, ao fazer a experiência com um grupo, partimos da teoria animagógica de que nunca estamos nos encontrando pela primeira vez. Assim, dentro dessa perspectiva, fizemos uma indução para que o grupo acessasse informações de uma possível encarnação em que todos estiveram juntos.

A meditação guiada consistiu de um relaxamento induzido e, em seguida, o comando para que acessassem as informações. A meditação durou cerca de 20 minutos.

Após a prática o grupo avaliou a dinâmica e cada um teve espaço para contar, se tivesse interesse, as informações que conseguiu acessar.

A partir das descrições individuais, fomos construindo o cenário, vendo a posição de cada um naquele fato narrado. Todos os participantes que se expressaram disseram que se viam em um lugar muito frio. Alguns viam enormes coníferas e neve. Mas uma coisa aproximava cada um deles: o medo.

Muitos se viram escondidos em uma floresta, enfraquecidos e com fome. Estavam esperando escurecer para fugir. Alguns disseram que conseguiram chegar até um barco que os levaria para outro lugar. Porém, ninguém conseguiu ir além dessa cena.

Com base nos relatos, fomos pesquisar na internet e o que mais se aproximava do que o grupo descreveu e chegamos a um fato histórico: a fuga de judeus da Dinamarca para a Suécia, em 1943. Convidei algumas pessoas, as que tiveram mais facilidade para acessar as informações, para fazer uma regressão individual e tentar descobrir mais detalhes.

Do grupo que fez o curso, apenas uma jovem com cerca de 30 anos de idade resolveu fazer a regressão individual. E o que a motivou a fazer a Regressão sozinha tem relação com a história da família, uma vez que ela afirma que sua bisavó era de origem dinamarquesa.

Ela não sabia se a família tinha ou não fugido do nazismo, nem se eram judeus ou qualquer outra informação a não ser que sua bisavó seria dinamarquesa. Também não sabia dizer como a família veio parar no Brasil.

Foto 2 Barco de pesca usado para a fuga de judeus da Dinamarca para a Suécia (foto retirada da internet)

Consulente: Mulher, cerca de 30 anos de idade, estudante universitária, solteira.

Características psíquicas e/ou sensitivas: É empática e gosta de se envolver com pessoas excluídas socialmente. Considera-se muito crítica, o que a faz sofrer muito. Sente-se na obrigação de ajudar a todos que necessitam, esquecendo-se de si mesma. Frequenta a Umbanda, mas diz não ter mediunidade. Afirma que já foi orientada a cuidar mais de si.

Informações acessadas: Durante a regressão disse que não conseguiu escapar e foi achada pelos nazistas. Não sabe precisar como chegou ali e onde estava, mas que era um lugar onde sentia muito calor. Em seguida, sentiu o calor aumentando e notou a existência de uma parede com quatro pequenas portas. Eram fornos. Um foi aberto e muita labareda saia de dentro.

Ela acredita que estava dopada e por isso não conseguia mexer o corpo, apesar de consciente. Afirma que foi colocada ainda viva dentro do forno. Apesar de toda apreensão e medo, não sentiu o corpo queimando e tudo ficou escuro e em paz.

Após enviarmos energia para despolarizar essa memória, disse que sabia quem era a pessoa que estava ao seu lado e a colocou no forno. Disse que nunca conseguiu confiar plenamente nesta pessoa, que era, atualmente, sua colega de trabalho na Universidade.

Apesar de sua antiga algoz do passado ser uma pessoa boa, afirma que tinha algo que a deixava insegura, não confiando plenamente em sua colega. Sentia que, a qualquer momento, seria enganada e traída.

Segundo a consulente, com essa informação, acredita que será mais fácil superar aquela desconfiança e perdoar, melhorando o relacionamento em seu ambiente de trabalho.

Vida atual: Trata-se de uma pessoa politizada e que gosta de participar e opinar sobre tudo que envolve a política, seja na escala local, nacional ou mundial. Tem uma visão crítica sobre o nazismo, mas não imaginava que tinha sido uma de suas vítimas.

Por ser umbandista, aceita a teoria do carma e compreende que, por alguma razão, precisou vivenciar aquela experiência. O aprendizado com a Regressão, segundo ela, é conseguir usar de forma positiva essa informação e perdoar seus algozes que, no futuro, segundo acredita, se ainda não colheram, irão colher o que plantaram, em um ciclo que só se encerra quando mudamos nossas atitudes e sentimentos diante da vida.

Foto 3 Fornos em Auschwitz, similares aos que a consulente viu em sua regressão.

3 – A necessidade de se vestir como homem para cuidar dos irmãos menores

Consulente: Mulher, cerca de 20 anos de idade, professora de Yoga e artesã. Diz que as pessoas a consideram muito madura para a idade. Ainda adolescente, saiu da casa dos pais para cuidar da própria vida, ganhando o seu próprio dinheiro.

Diz que faz muita coisa ao mesmo tempo e isso a estressa. Mas não consegue ficar parada.

Características psíquicas e/ou sensitivas: Não forneceu, mas conseguiu acessar várias informações.

Informações acessadas: Seu atendimento misturou a Regressão com a Captação Psíquica. Ao mesmo tempo em que acessava informações, uma sensitiva presente na sessão completava o quadro com outras imagens.

Foram várias encarnações acessadas, mas naquela que nos interessa, vivenciada sob o nazismo, ela narrou que morava em um porão com seus pais e irmãos menores. Segundo afirma, a casa parecia ser da família, mas por serem judeus, alugaram informalmente a casa para uma família que os mantinha escondidos. Não soube precisar quanto tempo passaram naquela condição, escondidos e protegidos pelos inquilinos.

Porém, alguma coisa acontece e os pais são descobertos e levados pelos nazistas. Só fica ela e os irmãos menores. Em outra ocasião, o irmão caçula, que não parava de chorar, ia fazer com que todos fossem descobertos. Para salvar os demais, ela precisou deixar o menor como "isca" para ser capturado pelos nazistas. Esse fato a perseguiu pelo resto da vida, não superando o sentimento de ter abandonado o irmão caçula.

Para conseguir sobreviver, e cuidar dos outros irmãos, começou a se vestir como homem, ainda adolescente, e conseguiu um emprego vendendo jornais na cidade, que acredita ser Berlim.

Enviamos energia para ajudá-la a se autoperdoar e compreender que cada um possui o seu próprio carma e que, por alguma razão, ela foi o instrumento para o irmão ser levado pelos nazistas. Por uma razão que desconhecemos, ele precisava passar por essa experiência que, de alguma forma, tinha relação com o gênero de vida que escolheu, voluntariamente, enquanto gozava de sua consciência humanizada plena e sabia que aprendizados ele gostaria de vivenciar.

Vida atual: Na atual encarnação é muito ativa e independente, como já dissemos. Não se considera lésbica, mas afirma que desde criança gostava de se vestir como homem, o que ainda faz, mas não tinha ideia de onde vinha esse desejo.

Não perguntamos, porém, se o desejo de se vestir com roupas masculinas acontecia nos momentos de tristeza, de alegria, de estresse ou se não tinha nenhum sentimento que motivasse esse hábito.

4 – Tendo as pernas amarradas na hora do parto

Consulente: Mulher, cerca de 40 anos de idade, dona de casa. Espiritualista e feminista.

Características psíquicas e/ou psicológicas: Médium, atua em um centro de umbanda. Gosta de dançar, cantar e, principalmente, das "giras de esquerda". Ou seja, com as entidades mais estigmatizadas da Umbanda, como são os Exus, os ciganos e as pombas giras.

Informações acessadas: Durante a regressão, na encarnação que nos interessa nesse momento, narrou que se via como integrante de uma comunidade cigana. Gostava de dançar, cantar e seduzir os homens. Também jogava cartas e lia as mãos. Vou seu povo sendo perseguido, preso e morto. Ela se tornou refém e se via obrigada a ter relações com os soldados nazistas. Diz que conseguiu se livrar de alguns os envenenando.

Segundo afirma, engravidou e morreu na hora do parto. Na iminência do parto acontecer disse que teve as pernas amarradas. Sentiu muita dor na hora e morreu guardando muito ódio dos nazistas. Acredita que viveu como obsessora por algum tempo, até ser convidada para trabalhar na

Umbanda, na forma de uma Pomba Gira, antes de ter uma nova oportunidade para reencarnar.

Vida atual: Na atual encarnação ainda se identifica com a cultura cigana. Gosta das giras de esquerda e festas com ciganos. Diz que sua família é bem complicada, com brigas homéricas, seja por causa da política ou da religião. Acredita que a explicação para tanto desentendimento é o fato de que devem estar encarnados como seus filhos e também como irmãos alguns antigos amigos ciganos (os mais liberais e tolerantes) e também os nazistas que acabou envenenando (os mais autoritários e fanáticos).

Em sua opinião, é provável que Deus aproximou o grupo para que todos ali reunidos em uma única família possam aprender a se respeitar, o que não é fácil. Apesar de gostar e se inteirar de temas políticos e gostar de conhecer e respeitar todas as religiões, ela prefere não se envolver em polêmicas. Prefere, assim, se ausentar das discussões políticas e religiosas frequentes dentro de sua família. O que mais a irrita é o fanatismo e não importa se é o político ou o religioso.

Foto 4 – mulher cigana sendo levada por nazistas (foto retirada da internet).

5 – Atacada por bois e a morte em um incêndio

Essa foi a última regressão realizada antes da escrita do livro. A regressão trouxe um fato até então desconhecido para mim e uma revelação que, talvez, explique minha participação na Operação Auschwitz, sendo o responsável por fazer as regressões e as captações psíquicas relatadas neste livro.

Consulente: Mulher, cerca de 50 anos de idade, professora de Yoga e terapeuta holística.

Características psíquicas e/ou sensitivas: Grande sensibilidade intuitiva. Já atuou em grupos de Apometria, coordenado os trabalhos ou captando as informações, tendo facilidade para desdobrar e ir até a casa dos consulentes. Apesar disso, ainda desconfia das informações que intui, sobretudo, quando relacionadas à premonição (previsão do que vai acontecer no futuro).

Informações acessadas: Durante a regressão se viu com cerca de 8 anos de idade e muito tensa. Não ficou claro o que aconteceu, mas sentiu como se estivesse sendo separada dos pais. Em seguida, as cenas mudaram e ela se via com 25 anos de idade, mais ou menos. Ela estava sendo presa e levada para uma fazenda onde passa a ficar em um estábulo.

O que chamou atenção é que no estábulo, ela e outras pessoas, tinham a companhia de vacas muito bravas. Ela era frequentemente atacada e levou muitas chifradas. Porém, algo aconteceu, talvez uma revolta, e o local foi incendiado. Ela acredita que teria desencarnado no incêndio.

Quanto aos guardas do local, o que chamou a atenção dela foi a boina dos mesmos. E, segundo seu relato, eu fazia parte dos responsáveis pela segurança do local, assim como alguns de seus atuais parentes.

Pesquisando na internet descobrimos que uma raça de gado foi criada pelos nazistas, a raça Heck, que segundo descrições encontradas na internet realmente parece ser bem agressiva. Olhando várias imagens, ela disse que os chifres eram similares aos dos animais que viu na Regressão.

Foto 5 Gado da raça Heck, considerada muito violenta (imagem retirada na internet).

Também pesquisando imagens na internet, ela identificou que os uniformes dos guardas que ficavam no local eram similares ao da juventude nazista. Ou seja, se eu estava realmente encarnado naquele contexto, e fazia parte da segurança local, eu teria sido, com base em sua narrativa, um membro da juventude nazista.

Foto 6 Uniforme da juventude nazista (imagem retirada da internet).

Vida atual: Na atual encarnação vivencia sérios conflitos com sua filha que, pela regressão, participava do exercito nazista, possivelmente, com cargo de general ou superior. Acredita que a regressão poderá ajudar a ter um relacionamento mais pacífico com a filha.

6 – Assassinado na frente da filha e o horror ao militarismo

Esse caso eu pretendo apresentar de uma forma diferente das anteriores. Ele foi realizado através da Captação Noética e foi realizado enquanto um exercício para que uma sensitiva adquirisse mais confiança em seu potencial.

Um amigo residente no Rio Grande do Norte havia solicitado uma captação e sugeri que ele fosse "cobaia" para uma experiência: duas sensitivas, uma com mais experiência e outra sem, fariam a captação e, em seguida, faríamos a comparação.

Apesar de uma das encarnações captadas pelas duas sensitivas ter acontecido durante o nazismo, na Alemanha, vou apresentar também as outras que apareceram durante as sessões a fim de comparação.

Captação Noética, como já apresentamos no livro, é um neologismo utilizado na Animagogia para identificar a capacidade que algumas pessoas possuem de acessar informações armazenadas na alma de outras pessoas. É uma das principais técnicas da Apometria, apesar de não se utilizar esse nome.

Fora do meio espiritualista, o fenômeno, de certa forma, é tratado como mera imaginação exacerbada, sem maiores consequências para a vida. Porém, apesar de ser um fenômeno natural e involuntário para algumas pessoas, pode ser feita com método para obter informações sobre vidas passadas e ajudar pessoas. Foi com o objetivo de capacitar uma sensitiva ainda insegura que fizemos a experiência e acabamos obtendo mais um caso para o nosso estudo, comprovando que nada acontece por acaso.

Em nossa experiência utilizamos duas sensitivas que não se conhecem e a captação foi feita à distância, para um senhor residente em outro estado. A primeira sensitiva conseguiu acessar quatro encarnações:

1 – Como um camponês e um local muito quente.

Segundo a sensitiva, a vida pacata do local foi afetada quando um vulcão entrou em erupção, causando muitos estragos no ambiente e mortes. Mas o que chamou a atenção em sua captação foi a alta temperatura local.

2 – Como uma dançarina em um cabaré.

Nesta suposta encarnação, a sensitiva narrou que a pessoa em questão teria sido uma mulher muito infeliz que tentava disfarçar seu sofrimento com muita maquiagem e bebida alcoólica. Seu fim teria sido trágico, através do suicídio.

3 – Como um homem que morre durante a segunda guerra, na Alemanha.

Essa encarnação, segundo a sensitiva, ocorreu durante a Alemanha Nazista. O homem em questão não era judeu, mas um pequeno empresário alemão. A sensitiva captou o homem em sua casa, junto com sua filha, esposa e mãe. Do lado de fora, muitas bombas eram ouvidas. Ao sair na porta da casa, o homem leva um tiro, deixando uma criança órfã. Sua mulher e mãe não se conformam com a morte dele e sofrem muito.

4 – A vida atual

A sensitiva viu este homem em um apartamento junto com uma mulher que possuía um problema na perna esquerda. A mulher, segundo ela, passava boa parte do tempo assistindo a programas na TV.

A segunda sensitiva, na semana seguinte, participou da sessão de Captação Noética e descreveu as seguintes encarnações, sem saber o que a outra tinha descrito:

1 – Em um local muito quente, onde a pessoa trabalhava com couro.

Assim como a anterior, essa sensitiva também captou que o local onde esse homem vivia era muito quente. Uma informação nova foi que ele trabalhava com couro, mas não relatou nenhuma tragédia natural acontecendo, apenas a vida pacata do lugar e da pessoa que serviu de "cobaia".

2 – Um homem em um local muito frio, durante uma guerra.

Da mesma forma como a anterior, essa sensitiva também viu o homem dentro de casa com sua filha, esposa e mãe. Ele tentava proteger e acalmar a filha enquanto, do lado de fora, bombas estouravam e faziam tudo tremer. Durante um conflito, ela capta que o homem leva um tiro de soldados nazistas e morre na frente da filha, olhando para ela.

3 – Homem em um apartamento morando com uma mulher.

A última captação, que corresponderia a encarnação atual, a sensitiva o vê em um apartamento, morando com uma mulher com quem tem um relacionamento. O estilo de roupa da mulher é meio extravagante e ela passa parte do tempo vendo TV enquanto lava os pés em uma bacia.

Optei em apresentar um resumo das duas captações, com todas as encarnações que apareceram, para mostrar as semelhanças entre elas. No caso da encarnação anterior a atual, supostamente durante a segunda guerra mundial, ele teria desencarnado levando um tiro de um soldado nazista, deixando a filha órfã e a esposa e a mãe dele desesperadas.

Esse senhor, em sua vida atual, tem aversão a tudo que se relaciona com militarismo. Antes da captação, ele achava que tinha sido algum militar. No caso, segundo as sensitivas, ele foi apenas vítima. Mas o trauma ficou marcado em sua alma, que se manifesta pela aversão a qualquer coisa relacionada com militarismo.

7 – A cura de uma rinite alérgica

Resolvemos deixar esse caso para o final porque ele evidencia como uma vida passada pode gerar uma enfermidade psicossomática na existência atual e como a cura acontece com a conscientização.

Trata-se de uma senhora que passou a manifestar uma rinite alérgica após engravidar de uma de suas filhas. Ela viveu praticamente 20 anos com essa enfermidade, controlando os sintomas com remédios "tarja preta" que também afetavam sua saúde.

Ela buscou a Regressão de Memória por curiosidade, após participar de uma palestra. Porém, durante a sessão, entre as encarnações que acesso, narrou a anterior a atual, onde se via muito cansada e suada, indo para o que parecia ser um banho. Ela e centenas de pessoas foram obrigadas a tirar a roupa e entrar em um local com chuveiros. Porém, ao invés de água, saiu um gás que começou a intoxicá-la, fechando-lhe a garganta.

Segundo afirma, após passar por essa experiência, a rinite alérgica desapareceu. Da mesma forma que começou de uma forma misteriosa, assim que engravidou de uma de suas filhas, a enfermidade foi embora quando fez a regressão e se viu em um campo de concentração sendo envenenada por um gás tóxico.

Ela não conseguiu identificar a relação da filha com a rinite.

A Regressão de Memória e a Captação Noética no contexto da Animagogia

É importante enfatizar a metafísica proposta pela Animagogia, pois é ela que fundamenta todo o trabalho que realizo com as técnicas acima. Considero de fundamental importância que o leitor compreenda o que estamos pretendendo com cada termo ou conceito.

A Animagogia é uma cosmovisão espiritualista e reencarnacionista. Parte do pressuposto que somos Espíritos eternos vivenciando mais uma experiência humanizada. O Espírito foi criado puro e perfeito, no sentido de já ser feliz, amoroso, pacífico, equânime, entre outros atributos. Mas carece de experiência de vida e sabedoria. Daí a necessidade de passar por várias fases e, na humanizada, na qual nos encontramos, passar pela prova de vencer o ego, a consciência humanizada (persona) capaz de "adormecer" os seus atributos. O Espírito vibra em uma dimensão que, para finalidade didática, vamos identificar como Logosfera.

Dentro dessa perspectiva, o Espírito não é humano, mas humaniza-se. Para esse processo, sua vibração "abaixa" criando a alma humana que, ao contrário do Espírito, vibra em uma dimensão "inferior", que também seria uma projeção da anterior, e que vamos chamar de Noosfera. Esta, de forma hologramática, está contida na anterior.

Essa alma humana seria universal, ou seja, conteria em si todos os arquétipos possíveis de se vivenciar durante a encarnação. Os arquétipos, segundo várias teorias, são universais e atemporais, ou seja, eles não mudam, não importam o tempo e o espaço. Os arquétipos são sempre os mesmos, seja na Idade Média ou no mundo contemporâneo, assim como em uma tribo aborígene ou em uma metrópole pós-moderna.

Os arquétipos estão na base das estruturas do imaginário, que também são universais. Assim, podemos concluir que essa alma humana não pode ser preta, branca, oriental, ocidental, homem ou mulher, entre outras possibilidades existentes. Mas é ela que escolhe, entre tantas opções, como vai construir o seu "avatar", ou seja, a personalidade que vai vivenciar em cada uma de suas encarnações, de acordo com a experiência que deseja passar. Essa alma humana é o que em várias doutrinas se chama de "Self", "Individualidade", "Eu superior" etc. Na Animagogia a alma é identificada também como "Ser incorpóreo".

Ao escolher ou construir o seu "avatar", durante a escolha do gênero de provas ou de existência que deseja passar, a alma vai se projetar em outra dimensão, mais "abaixo": a Psicosfera. É aqui que vai vibrar o "corpo astral" ou o "perispírito", segundo várias doutrinas, ou o "corpo espiritual" citado por Paulo de Tarso, na Bíblia.

A Psicosfera também está inserida na dimensão anterior. Mas é na Psicosfera que estão os "desencarnados" ainda presos ao ego, ou seja, à consciência que viveram em sua última encarnação. São também estes "desencarnados" os que mais se comunicam nas reuniões mediúnicas. Raramente os "Seres incorpóreos" se manifestam, uma vez que precisariam criar um "corpo astral" provisório para se manifestar. Claro que isso não é impossível, mas é mais fácil passar uma orientação e os que estão "abaixo" passam para os consulentes nas reuniões mediúnicas, sejam elas de umbanda, espiritismo ou outra qualquer.

Na Psicosfera estão as mentalidades que, diferentemente dos arquétipos, são culturais e históricas, portanto, não são universais. Aqui residem as culturas judaicas, árabes, cristãs, budistas e todas as demais existentes na Terra. O Espírito humanizado pode, em uma encarnação viver como um homem judeu e, na seguinte, como uma mulher árabe. São apenas papeis na jornada infinita do Espírito, em sua fase humanizada, quando tem como objetivo vencer o ego, ou seja, viver com sensibilidade espiritual sua vida humanizada.

É na Psicosfera que estão as colônias espirituais e os umbrais descritos nos romances espíritas. Assim, tanto os "vales dos suicidas" como a colônia "Nosso Lar", famosa devido ao romance homônimo psicografado por Chico Xavier, estão na Psicosfera. Podemos dizer que ela forma o plano mental, com suas várias vibrações e faixas de sintonização, com as quais vamos nos vincular de acordo com os interesses e intenções.

E a Psicosfera está diretamente integrada com a Biosfera, onde vibra o nosso corpo físico. Para facilitar a compreensão, podemos chamar a Biosfera de "terceira dimensão" e a Psicosfera de "quarta dimensão". Enquanto o nosso corpo físico vibra na Biosfera, nosso campo mental (que inclui os pensamentos e as emoções) vibra na Psicosfera. Porém, a Biosfera está inserida e, de certa forma, é fruto da Psicosfera. Por isso é que podemos dizer que nada acontece "do lado de cá" que já não era do conhecimento "do lado de lá". Em outras palavras, nada acontece na Biosfera que não seja conduzido pela Psicosfera. Até a natureza com suas leis. É na Psicosfera, portanto, que se encontram os "Seres humanizados desencarnados".

Porém, em uma dimensão mais profunda, como já salientamos, até a Psicosfera é fruto da Noosfera, pois esta é o mundo das "causas", enquanto as dimensões "abaixo" são os seus "efeitos".

Em nosso caso, os "Seres humanizados encarnados", quanto mais "bagagem" espiritual, adquirida ao longo das encarnações, com mais atributos do Espírito (felicidade incondicional, amor universal, paz interior etc.) conseguiremos vivenciar o nosso cotidiano, ou seja, com mais "habilidade espiritual" vamos passar pelas vicissitudes da vida, independentemente do papel que interpretaremos.

É importante também salientar que as vicissitudes da vida são criadas de acordo com o gênero de existência escolhido antes de encarnar. Assim, não seria por acaso que nascemos em um ou país, em uma ou outra família, em uma ou outra classe social, em uma ou outra raça. Até a nossa profissão foi definida antes da encarnação.

A vida humanizada e encarnada é composta teoricamente por missões, provas e expiações, definidas, também, antes da encarnação. As missões estão ligadas diretamente com o que pretendemos fazer em prol da coletividade. Já as provas estão relacionadas com problemas, quase sempre de ordem moral, que queremos provar para nós mesmos, e a mais ninguém, que superamos e não cometemos mais. Por exemplo, ser colocado em um contexto social que estimula o roubo, mas não roubar. E, por fim, a expiação, são as situações que não temos como evitar. Seriam os famosos "resgates cármicos".

Todos nós passamos por missões, provas e expiações a todo o momento, sem necessariamente, termos condições de identificar o que é uma coisa ou outra. Por exemplo, o preto-velho pai Joaquim de Aruanda afirma que uma pessoa pode viver uma encarnação inteira em uma cadeira de rodas por missão, prova ou expiação. Do nosso ponto de vista seria muito difícil saber identificar qual dessas possibilidades estaria em nossa frente, apesar de existirem sinais que nos dariam algumas evidências. Mas nunca teríamos as condições para afirmar, com certeza, o porquê de alguém passar por esta experiência.

A Animagogia, como nós procuramos apresentar, é uma cosmovisão reencarnacionista e espiritualista. Seríamos, portanto, seres multidimensionais, uma vez que vibramos, simultaneamente nas quatro dimensões acima apresentadas. A dimensão que menos informações possuímos é a Logosfera, onde vibra nossa essência espiritual ou o Espírito puro, criado a imagem e semelhança de Deus.

E o Espírito não é humano, mas se humaniza. Esse processo acontece na Noosfera, que é a dimensão onde vamos escolher nosso gênero de existência e, portanto, é onde vibra a Individualidade, ou o Self. A Teosofia chama essa dimensão de "plano causal".

Assim, é a alma ou o "Eu superior" que vibra nessa dimensão e que traz em sua consciência todas as experiências humanizadas que já vivenciou ao longo de milênios. E, apesar de não existir um número fixo de encarnações, o Espírito que se identifica como pai Joaquim de Aruanda costuma dizer que a fase humanizada do Espírito é vencida, em média, entre sete a dez mil anos. Alguns conseguem superar essa fase em menos tempo. Outros precisam de mais. Porém, de forma geral, conseguimos vencer o ego e passar de fase, ou seja, aprendemos a viver com sensibilidade ou habilidade espiritual nossa encarnação, depois de sete mil anos tentando completar esse "videogame" chamado "mundo de provas e expiações".

A personagem criada pelo Self vai vibrar na Psicosfera, onde vibrará também o seu corpo astral e seu "campo mental" e terá o seu corpo físico, quando encarnado, vibrando na Biosfera.

A partir dessa apresentação resumida da cosmovisão animagógica, podemos compreender que as informações sobre vidas passadas, acessadas através da Regressão de Memória ou da Captação Noética, se encontram arquivadas na alma, na Individualidade, no "Eu superior" ou no Self, e não no ego, que seria a personalidade, o "eu inferior".

É por isso que é mais difícil acessar essas informações do que outras que possam estar em uma dimensão mais próxima da Biosfera, que é a Psicosfera. Aqui estão informações relacionadas à vida atual, seja na terceira como na quarta dimensão. Aqui residem as informações presentes no ego e não no Self. Por isso, na Animagogia, usamos distintamente os termos Captação Noética e Captação Psíquica.

Na Psicosfera estão também os diversos *céus* descritos pelas religiões. A diversidade de descrições de como é o paraíso é fruto da diversidade cultural. A captação dessas informações na Animagogia também acontece no campo da "captação psíquica", que também são importantes, mas que não vão além das emoções e dos pensamentos vigentes na vida atual ou relacionada à cultura. Por isso, quando um sensitivo começa a descrever o paraíso (seja o árabe, o católico ou as colônias espirituais dos espíritas), ele está ainda preso as energias do ego e não do Self.

A Psicosfera não é o verdadeiro mundo espiritual, mas uma projeção da vida na Terra. É uma fase intermediária. Poderíamos até dizer que seria o "purgatório", onde as energias deletérias acumuladas ao longo da encarnação precisam ser drenadas antes de "ascender" para os "planos superiores" habitados pelos Espíritos humanizados já desligados do ego, ou seja, da personalidade vivenciada em sua última encarnação e em condições de avaliar sua última encarnação e planejar as próximas.

E é também na Psicosfera que se encontram os obsessores, conforme a doutrina espírita os apresenta. Aqui estão aqueles que não conseguiram perdoar, que se encontram revoltados com seus algozes, que ainda não compreenderam como se processa a lei de causa e efeito. Não existem obsessores ou sofredores na Noosfera.

Como salientei, a relação entre a Biosfera e a Psicosfera é muito intensa e basta um pequeno relaxamento para captar o que acontece nesta "quarta dimensão". Vou exemplificar como se dá a relação entre a Biosfera e a Psicosfera e como os sonhos, muitas vezes, demonstram a integração entre essas duas dimensões.

O primeiro sonho que vou narrar eu tive entre 2005 e 2008, quando o meu contato com o Espírito pai Joaquim de Aruanda era mais frequente. Eu sonhei que em meu quarto havia um enorme baú de madeira, possivelmente do século XVII. Eu olhava admirado o baú, sem entender o que ele fazia ali. No dia seguinte, em uma reunião mediúnica, contei o sonho e pai Joaquim de Aruanda, com seu linguajar típico dos pretos-velhos, respondeu:

— Mas tem realmente um baú em seu quarto. Lá estão guardadas as energias de sua antiga companheira.

Eu achei aquela resposta curiosa e perguntei se não tinha como tirar o baú de lá. E ele disse para eu não me preocupar que o problema seria resolvido. E não se passaram três dias e eu tive outro sonho curioso. Eu estava em minha casa quando a campainha tocou. Minha mãe foi atender e disse que era o pai da minha ex-companheira. De repente, ele adentra a minha casa, encaminha-se para o meu quarto e sai de casa com o baú nos ombros.

O sonho foi tão surreal que eu acordei rindo. Mas o fato é que a integração entre a "terceira" e a "quarta" dimensão é tão forte que, mesmo não conseguindo perceber ou interagir com os objetos que estão na Psicosfera, eles nos afetam energeticamente. Como diz o Espírito pai Joaquim de Aruanda, "dois corpos não ocupam o mesmo espaço, na mesma dimensão".

E outro fato interessante do sonho foi o seguinte. O senhor que entrou em casa para pegar o baú já tinha falecido. No sonho ele tinha uma aparência bem jovial, como se tivesse 30 anos de idade. Mas ele faleceu com mais de 60 anos.

O outro sonho que vou narrar também foi muito elucidativo. E como acredito em reencarnação, interpretei o sonho de uma forma peculiar: o retorno de um gato que já tive em um novo corpo.

O sonho foi assim: eu estava na sala de minha casa e ao abrir a porta e sair no jardim, um gato que eu tinha e que faleceu em 2015, saia correndo do meio de uma planta e corria em direção à rua. No sonho eu falava: "Maneco! O que você faz aqui?".

Dois ou três dias depois, a mesma cena aconteceu. Porém, com um gato do meu vizinho. Ao abrir a porta e sair para o jardim, o gato se assustou e saiu do meio das plantas e fez o mesmo caminho do gato do meu sonho. Na hora lembrei do sonho e intui: esse gato do vizinho é reencarnação do Maneco.

E com o passar do tempo, o gato foi se acostumando com a minha casa e com os demais gatos. Hoje ele não sai de minha casa. Já dorme com os outros gatos e come a ração deles. Enfim, já se sente em casa. Neste caso, acontece aquela máxima popular: o gato é que escolhe o dono. De fato, ele realmente me adotou e, de certa forma, voltou para a sua antiga casa. E, obviamente, ganhou o nome do gato anterior: Maneco.

A Psicosfera afeta profundamente e na maioria das vezes determina o que acontece na Biosfera, já que há uma relação profunda entre a terceira e a quarta dimensão. Mas é importante compreender que é na Noosfera que está o mundo das "causas".

Após essa apresentação, podemos compreender, portanto, que a Regressão de Memória e a Captação Noética são técnicas que ajudam a trazer para o consciente (no caso, o ego) as informações escondidas nos mais profundos recantos da alma e ajudar na superação de traumas ou de outras enfermidades psicossomáticas, através dessa conscientização.

E além de ajudar os seres humanizados encarnados, elas também favorecem o despertar dos seres humanizados desencarnados ainda presos a essas vibrações. Esses desencarnados, muitas vezes ligados afetivamente aos encarnados atendidos, libertam-se do ego, despertando sua consciência anímica e se desligam das energias da Psicosfera.

A Regressão de Memória utiliza, basicamente, a hipnose, uma técnica milenar que foi revalorizada no Ocidente por Freud (1856-1939) para a exploração do inconsciente, mas que se tornou mais respeitada através das experiências do psiquiatra Milton H. Erickson (1901-1980). Porém, se a hipnose é comumente usada para se fazer regressão, não significa que todos que trabalham com hipnose aceitam que seria possível acessar memórias de vidas passadas. Obviamente, a pessoa que não acredita em vidas passadas, dará outra interpretação para eventuais informações sobre elas: chamará de "sonhos lúcidos", "inconsciente coletivo", "imaginação exacerbada", "fantasia mental" etc.

Além disso, nem todas as pessoas conseguem ser hipnotizadas ou, quando esse processo ocorre, nem todas são capazes de acessar as informações presentes em seu inconsciente mais profundo, no Self, portanto, sobre suas vidas passadas. Muitas vão ficar no campo da Psicosfera, dos pensamentos e das emoções da vida presente.

As pessoas com mais facilidade para acessar as informações sobre vidas passadas costumam ser as que manifestam algum tipo de mediunidade ou as sensitivas. Esse potencial é mais frequente em quem tem estes dons. E, a pessoa que tem facilidade para acessar suas vidas passadas também costuma ter para acessar as de outras pessoas. Nesse caso, a técnica muda de nome. Na Animagogia chamamos de "Captação Noética" a capacidade de acessar informações que fazem parte do inconsciente anímico de outra pessoa.

Então, basicamente, a diferença entre o uso da Regressão de Memória e da Captação Noética é a seguinte: na primeira, é a pessoa hipnotizada que vai acessar as informações e vai relatar permitindo ao terapeuta/animagogo conduzir o processo. E na Captação Noética é uma pessoa sensitiva que vai trazer a informação, entrando, de alguma forma, no campo anímico da pessoa que está sendo assistida.

O método da Captação Noética é, basicamente, o seguinte: a pessoa que fará a Captação Noética é desdobrada, ou seja, através de pulsos energéticos, há certo afastamento entre o seu corpo astral e o corpo físico, aumentando sua sensibilidade. É o mesmo procedimento utilizado na Apometria. Em seguida, através de um comando (pulsos) ela é conectada à energia anímica da pessoa que será atendida. Essa energia vibra na Noosfera e, portanto, não faz diferença se a pessoa está presente na sessão ou se está sendo atendida a distância, ou seja, a técnica pode ser feita com o consulente presente no local ou em sua casa.

Em poucos minutos, a captação começa a acontecer. O sensitivo vai descrevendo cenas e, a partir dessa descrição, o animagogo que conduz o trabalho vai orientando a captação, indo para o passado ou para o futuro, de acordo com a necessidade do momento. Todo esse processo é feito com induções verbais.

No caso dos bloqueios ou traumas que por ventura apareçam, são realizadas limpezas da mesma forma como acontece em um atendimento apométrico. É através do envio de energia (normalmente, através da Cromosofia, ou seja, da mentalização de cores diferentes) que são realizadas limpezas, despolarização de memórias ou o rompimento com determinadas conexões negativas que a pessoa ainda apresenta com experiências vividas em outras encarnações.

Para quem nunca presenciou um atendimento de Captação Noética, as informações que o sensitivo apresenta podem ser consideradas como o fruto de uma imaginação fértil. Porém, é possível fazer experiências que ajudam a aceitar a existência do fenômeno, principalmente, para o próprio sensitivo, uma vez que muitos não acreditam no potencial que manifestam.

Assim, estas experiências são permitidas pela espiritualidade não para fins acadêmicos, que imagino também seriam possíveis, mas para o sensitivo ter condições de se preparar melhor e aceitar seu potencial como algo real e não como uma mera fantasia da mente. Assim, mesmo que tais experimentos não sejam considerados acadêmicos ou científicos, elas são feitas rotineiramente visando preparar melhor o sensitivo, ajudando-o a confiar e aceitar todo o seu potencial.

A mais comum das experiências consiste em fazer a Captação Noética de uma pessoa através de vários sensitivos que não se conhecem, em dias diferentes, sem que um saiba o que o outro captou. Uma experiência assim foi realizada no início do ano de 2020, com duas sensitivas: uma com mais experiência e outra que ainda desconfiava de todo seu potencial. A pessoa que serviu de "cobaia" foi um senhor residente no estado do Rio Grande do Norte. A captação foi feita a distância, em dias pré-agendados com este consulente para que o mesmo pudesse ficar em sua casa relaxadamente.

Nem eu e nem as sensitivas tinham qualquer informação ou conhecem pessoalmente esse senhor.

A primeira captação, como apresentamos no capítulo anterior, foi com a sensitiva menos experiente. Durante a sessão que durou cerca de uma hora e meia, ela conseguiu acessar quatro encarnações deste senhor, descrevendo com riqueza de detalhes essas vidas passadas. Este caso será apresentado ao longo do livro, pois, apesar de fazermos a captação com o objetivo de pesquisa e capacitação da sensitiva, apareceu uma encarnação do mesmo na Alemanha nazista.

Na semana seguinte, sem que a sensitiva com mais experiência e confiança soubesse do conteúdo da outra captação, fizemos o mesmo procedimento. Esta conseguiu acessar três. Porém, o que foi o mais interessante: as três que ela captou faziam referência explicita às que haviam sido captadas na semana anterior, pela outra sensitiva, inclusive a vivida durante o nazismo.

As duas ficaram impressionadas quando mostrei as informações. Tratavam-se, sem dúvida, das mesmas experiências encarnatórias. As duas descreviam, com pequenas variações, as mesmas histórias. Como salientei, nenhuma das duas conhecia o senhor que serviu de "cobaia" e descreveram a vida atual com os mesmos detalhes de lugares, de pessoas e outras situações.

Obviamente que sempre haverá margens para questionamentos e críticas. E mesmo não provando que ambas descreveram vidas passadas daquele senhor, a semelhança nos relatos é algo admirável e que merece atenção pelo fato das duas sensitivas não se conhecerem até hoje (março de 2020), nem presencialmente ou de forma virtual. Assim, não havia como as duas combinarem o que falariam durante a captação. Além disso, é uma experiência que pode ser replicada facilmente, com a participação de outras pessoas com potencial sensitivo.

Anexo 1
Sobre Viktor Frankl e a Operação Auschwitz

No dia 27 de janeiro de 1945, foi libertado o maior campo de concentração nazista. E a data se tornou o dia Internacional de Lembrança do Holocausto, pela ONU. Assim, em 2020, comemora-se 75 anos do fim desse período triste da história da humanidade.

Curiosamente, em 2013, em uma reunião mediúnica, fomos informados que um dos mentores do que chamamos de Animagogia era o Espírito que viveu sua última experiência na Terra através da personagem Viktor Frankl (1905-1997). Confesso que até hoje não tive tempo para ler nenhum de seus livros. Talvez esse fato tenha sido proposital, para não caracterizar como animismo todo o trabalho construído a partir de 2001 quando tivemos o primeiro contato mediúnico com a espiritualidade, através de um Espírito que se identificava como Dr. Felipe e dizia que tinha sido um médico alemão desencarnado na II Guerra Mundial.

E só soubemos da existência da Operação Auschwitz em meados de 2019, quando começamos a questionar o numero de pessoas que faziam Regressão de Nemória ou participavam das sessões de Captação Noética e informações de que foram vítimas do nazismo apareciam.

E somente em janeiro de 2020, algumas mensagens canalizadas foram "assinadas" pelo Espírito que viveu como Viktor Frankl, nas quais se identificou como um dos coordenadores desse projeto espiritual que visa limpar as energias deletérias dessa difícil fase carmática da humanidade, que foi o nazismo, no século XX, preparando a Terra para sua nova etapa quanto superará seu estágio como "mundo de provas e expiações" para se tornar um "mundo de Regeneração".

Segundo o preto velho pai Joaquim de Aruanda, o que caracteriza os mundos de provas e expiações é que a energia que os move é o egoísmo. Os Espíritos humanizados ligados a eles passam por uma provação que consiste em ser mais forte que o ego, a consciência humanizada ou o "avatar" criado para cada encarnação. Quanto mais o Espírito é forte, mas ele domina o ego e consegue viver com "habilidade espiritual" sua encarnação. Se ainda não tem "bagagem" suficiente, sucumbe e recomeça o jogo.

Porém, nas últimas décadas, a *Matrix* está passando por um "upgrade". E a energia motriz vem deixando de ser o egoísmo para ser o amor. É essa energia que vai nutrir os mundos regenerados. Mas esse processo depende da limpeza da dimensão que aqui chamamos de Psicosfera, onde estão os chamados "umbrais" da literatura espírita.

Ao descobrirmos a existência da Operação Auschwitz e que participávamos, modestamente, com a Regressão de Memória e com a captação psíquica, de limpezas energéticas ligadas ao nazismo, e que não somente os encarnados eram auxiliados, mas muitos desencarnados ainda presos àquelas vibrações, nós fomos orientados a escrever esse pequeno e singelo livro, dando nosso depoimento. De alguma forma, a quarentena do coronavírus ajudou. O livro começou a ser escrito no dia 16 de março, primeiro dia da quarentena dos funcionários da prefeitura que atuam com a população idosa e, em menos de 15 dias, foi possível escrevê-lo.

E sobre o seu responsável, ou um deles, o Espírito que viveu o ego Viktor Frankl em sua última existência na Terra, e que foi o criador de um método chamado Logoterapia, não recebemos nenhuma informação até o momento sobre eventuais vidas passadas. Tudo o que sabemos é o que seus biógrafos já divulgaram.

Ele nasceu em 1905, em Viena. Tornou-se conhecido com o seu livro "A busca do homem por sentido", cuja primeira edição foi em 1946, que narra sua experiência em quatro campos de concentração. Criou a Logoterapia que, segundo alguns críticos, teria, no campo das ciências psicológicas, o mesmo papel de A crítica da razão pura, de Immanuel Kant, para a filosofia.

Em 1942 foi deportado para campos de concentração. Liberto, após o fim da guerra, descobre que sua mulher, irmão e pais sucumbiram ao holocausto. Em 1948, obtém o seu doutorado em Filosofia e, em 1955, torna-se professor da Universidade de Viena.

Seus livros foram traduzidos em mais de 30 idiomas. No Brasil, esteve em três ocasiões: em 1984, 1986 e 1987.

Enquanto encarnado, já acreditava que muitas das neuroses pessoais poderiam ser frutos da recusa da espiritualidade. Em sua obra faz referência a uma dimensão chamada noológica e busca distinguir espiritualidade de religião.

Sobre a Logoterapia, encontramos que ela é considerada a terceira escola vienense de terapia. Ela parte do pressuposto que a necessidade mais profunda do ser humano é a busca de sentido na vida. Assim, ao invés de persuadir o cliente pelo raciocínio lógico, busca ajudar na detecção do sentido específico e individual.

A seguir vamos apresentar algumas mensagens canalizadas que, em tese, foram transmitidas pelo Espírito que vivenciou a personalidade Viktor Frankl na Terra.

O carma e a cultura de paz

Pergunta – você não acha contraditório acreditar em carma e falar em cultura de paz?

Resposta – Não. Mas para responder precisamos primeiro entender o que é o carma e o que é a cultura de paz. O carma é fruto do gênero de provas ou existência que o Espírito escolheu antes de encarnar. A partir dessa escolha, ele vai encarnar em uma família determinada, atuará em uma determinada área, nascerá em um determinado país, entre outras determinações ou fatalidades. Tudo isso é carmático e está sujeito a conflitos. Por exemplo, na mesma família estarão Espíritos que precisam resolver desavenças do passado. Mas todos aceitaram passar por essa experiência. Porém, se entendermos que cultura de paz não é viver sem conflitos, mas resolver os conflitos de forma pacífica, o carma será superado com a cultura de paz. Ou seja, a cultura de paz é o caminho para solucionar o carma. Se ao invés da Cultura de paz se utilizar a cultura da guerra ou do ódio, seja em qual relação for, o carma não será extinto e se processará novamente em outra encarnação, mudando o cenário, a cultura, mas mantendo o mesmo conflito.

É por isso que não há contradição entre a cultura de paz e o carma. A cultura de paz é, na verdade, o caminho para enxugar e eliminar o carma.

São Carlos, 04 de março de 2020

A Regressão de Memória e o livre-arbítrio

Pergunta – A Regressão de Memória ou a Captação Noética pode interferir no livre-arbítrio?

Resposta – Nenhum trabalho espiritualista feito com seriedade interfere no livre-arbítrio. O Nosso maior patrimônio é o livre-arbítrio. E, muitas vezes, ao invés de usá-lo, queremos que os Espíritos nos fale o que fazer.

Como a maior parte dos problemas humanos é de relacionamento, muitos recorrem aos mais diferentes tipos de trabalhos, inclusive de Regressão de Memória, para saber se encontraram a "alma gêmea", que normalmente seria alguém do sexo oposto, esquecendo que o Espírito não tem sexo e pode encarnar em diferentes gêneros, sempre de acordo com a experiência que escolheu vivenciar.

No caso da Regressão de Memória, o máximo que podemos saber é se tal pessoa, com a qual temos grande afinidade ou grande inimizade, já esteve conosco no palco da vida e o que fizemos juntos.

Muitas vezes, uma pessoa por quem nutrimos um grande afeto foi um pai, um filho, um irmão etc. Porém, o que vamos fazer na vida atual com aquela pessoa será nossa escolha na encarnação presente. Uma Regressão de Memória pode ajudar a entender um conflito atual e trazer elementos para perdoar um desafeto, principalmente quando encarnados na mesma família.

Buscar um trabalho espiritual para saber se vai casar com essa ou aquela pessoa, escolher esse ou aquele emprego, ou algo do tipo, é perda de tempo. Em um lugar sério, obviamente.

Mas não se preocupem se estão ou não preparados para as informações acessadas. Quem conduz as sessões são os mentores espirituais de cada um. E somente o que a pessoa está em condições de saber será revelado.

São Carlos, 06 de Janeiro de 2020

O Espírito e a Mônada de Leibniz

Pergunta – A concepção do Espírito na Animagogia é igual à de Mônada para Leibniz?

Resposta – Podemos dizer que há alguma semelhança, mas não é a mesma coisa. Para Leibniz, as mônadas seriam substâncias simples, diferentes entre si, sem extensão, indivisíveis e eternas e somente Deus pode criar ou destruir as mônadas.

E o que é o Espírito, segundo a Animagogia? O Espírito seria uma consciência pura, imagem e semelhança de Deus e que possui alguns atributos, entre eles: o amor universal, a felicidade incondicional e a paz interior.

Assim, da mesma forma que a mônada de Leibniz, o Espírito só pode ser criado por Deus. Porém, a mônada, segundo Leibniz, vê o mundo de seu ponto de vista e elas não se comunicam entre si. Qualquer mudança na mônada tem que ser o resultado de um processo interno, pois nada externo pode interferir nela. Por sua vez, o Espírito, para a Animagogia, comunica-se com outros Espíritos. Porém, qualquer mudança também só ocorre de dentro para fora. E qual seria essa mudança? A aquisição de experiência e sabedoria de vida.

E Deus? Para Leibniz seria a mônada das mônadas. E para a Animagogia, a Consciência das consciências, ou a "causa primária de todas as coisas". Porém, enquanto para Leibniz as mônadas com memória compõem a alma dos animais e as mônadas que tem razão formam o espírito humano, para a Animagogia não existiria espírito humano, mas Espírito humanizado e essa distinção entre animais e humanos não existiria, uma vez que o mesmo Espírito encarna como animal em uma determinada fase e em humano na fase seguinte.

Assim, se o Espírito for uma mônada, ela passaria por fases: para adquirir certa experiência de vida vai se animalizar, se tornando uma alma animalizada. Após esgotar as possibilidades de aprendizado como um Ser animalizado, vai começar a fase humanizada e, portanto, se torna um Ser humanizado. Essa mônada humanizada vai vivenciar várias experiências até vencer a fase humanizada e se capacitar para a fase angelical do Espírito ou mônada, como quiserem.

Mas o importante aqui é aceitarmos que se pensarmos o Espírito como sendo a mônada de Leibniz, seria necessário adequá-la à concepção de Espírito proposta pela Animagogia.

São Carlos, 17 de agosto de 2019.

Anexo 2
Sonhos com Auschwitz e com Cracóvia

Assim que tomei consciência do que era a Operação Auschwitz tive alguns sonhos durante noites seguidas que, em minha opinião, tinham relação direta com o campo de concentração em Auschwitz e com a cidade de Cracóvia, onde é mais acessível ficar para visitar os campos.

Vou narrar dois que foram para mim mais marcantes.

1 – Seria Cracóvia no passado e no presente?

Este sonho começa de uma forma curiosa. Eu me encontro em São Carlos, onde moro, e estou próximo da Igreja de São Benedito. Eu começo a me dirigir até o centro da cidade e, de repente, a paisagem se modifica. Eu estou em uma rua de terra e vejo um homem sentado na calçada com pés de verduras expostas sobre um pano. Continuo a andar até que vejo um rio e não tenho como prosseguir ou atravessá-lo. Volto pela mesma rua de terra e me deparo com uma ponte e do outro lado, um grande movimento de carros e de bondes (VLT). Vendo os bondes eu me tranquilizo e penso: é só seguir os trilhos do VLT que eu chegou ao centro da cidade.

Eu começo a andar em direção à ponte, mas paro para continuar observando aquele pedaço da cidade que parecia representar outro tempo, alguns séculos atrás.

Interpretação – Inicialmente interpretei que poderia ter acessado duas fases da história de São Carlos, onde moro. Mas não temos um rio, apenas um córrego que passa pelo centro da cidade. Porém, quando comecei a pesquisar sobre a cidade de Cracóvia, me deparei com sua complexa rede de bonde (VLT) e seu belo rio Vístula. Fazendo um passeio virtual pelo Google Maps, a impressão é que eu via a região onde se localiza a Igreja de Santo Estanislau e caminhava em direção ao rio. Mas a paisagem que eu via era de séculos atrás. Ao retornar, porém, vejo a ponte e o acesso para a cidade atual. Curiosamente, seguindo os trilhos do bonde vou sair no hostel onde vou me hospedar em Cracóvia.

A minha impressão é que possivelmente já tive alguma encarnação no local, talvez vivendo do outro lado da margem do rio. No sonho eu passearia por um local que me era familiar, alguns séculos atrás. E, ao achar a ponte e os bondes, eu entraria em contato com a Cracóvia atual. Porém, eu paro e fico admirando como era a cidade antigamente. Na imagem abaixo, tirada do Google Maps, podemos ver o rio Vístula e a provável ponte que apareceu no meu sonho. Provavelmente eu via a região no mapa identificado como Debniki, séculos atrás, e, do outro lado da ponte, a cidade atual. Justamente em Stradom fica o hostel que reservei, semanas após o sonho.

Imagem retirada do Google maps da cidade de Cracóvia.

2 – Uma biblioteca em Auschwitz?

Fiquei uns sete dias sonhando com um local que acredito ser em Auschwitz. Os sonhos acabavam pontualmente às 3h30, horário que eu acordava e me lembrava dos sonhos detalhadamente.

Não me recordo exatamente da ordem como aconteceram, mas três foram bem marcantes. Em um deles eu estava dentro de um ônibus. O curioso do sonho é que o motorista se orientava por uma faixa amarela projetada no céu. Da janela eu ficava acompanhando a faixa e achava normal.

Porém, o ambiente foi ficando nublado e encobriu a faixa. O motorista pediu para todos descer e continuar a pé o resto do percurso. Ao descer do ônibus, alguns homens conduziriam as pessoas até o destino. O que me chamou a atenção, mas não me assustou, foi ver que dos queixos daqueles homens pingavam gotas de sangue. Não se via nenhum ferimento, apenas um lento gotejamento de sangue que caia no chão, que parecia estar coberto de neve.

Em pouco tempo, o grupo chegou a um pavilhão que era grande e de tijolos aparente. Mas o que chamava a atenção eram algumas camas penduradas em uma parede. Pareciam as antigas camas de molas. E nelas estavam enrolados uns tecidos de algodão cru. A impressão era que, para alguém dormir, a cama precisava ser abaixada e, com o peso do corpo, a cama seria sustentada na horizontal. Não dava para saber se os tecidos de algodão eram o colchão ou uma coberta.

Outro sonho foi bem curioso. Eu ligava para o meu pai (que faleceu em 2001), enquanto segurava a mão do meu filho. No lugar onde eu me encontrava, tocava uma música francesa. Em seguida, eu me via em um local com vários barracões. Em um deles funcionava uma biblioteca. Ao entrar nela, eu me deparava com vários computadores. Nestes, o usuário localizava os livros que desejava e anotava um número. Lembro que o livro que eu queria aparecia na tela com a informação que o mesmo possuía mais de mil páginas.

Após escolher o livro, fui até um balcão para passar o código para o bibliotecário localizar o livro em outro local e o trazer.

O que achei interessante é que, até aquele momento eu não tinha visto nenhuma imagem ou filme sobre Auschwitz. E, ao assistir a um documentário no youtube, notei a semelhança com o local onde estava essa biblioteca.

Não tenho dúvida que a biblioteca fica lá. A única dúvida é a seguinte: será que ela existe na terceira ou na quarta dimensão?

3 – A igreja de São Francisco em Cracóvia?

No dia 24 de fevereiro, tive um sonho que me emocionou. Sei o dia porque eu registrei o sonho e marquei a data.

Eu estava em minha rua, na cidade de São Carlos, e comecei a caminhar em direção à Rua Primeiro de Maio, onde fica o antigo prédio da fábrica de lápis Faber Castell. Porém, ao chegar lá, não encontro a fábrica, mas encontro outra construção. Fiquei por vários minutos observando aquela edificação.

Foto da Igreja de São Francisco, em Cracóvia. Foto retirada da internet.

Posteriormente, em minha pesquisa sobre Cracóvia, descobri que na cidade há uma Igreja de São Francisco. Ao procurar imagens da mesma, deparo-me com uma foto da igreja muito similar a que via no sonho, praticamente do mesmo ângulo.

www.ingramcontent.com/pod-product-compliance
Lightning Source LLC
LaVergne TN
LVHW050341160826
845677LV00014B/3730
* 9 7 8 6 5 9 9 0 4 8 8 4 5 *